我的心
和你的影像
早已約會著了

影像的約會

劉小梅 著

文史哲出版社印行

漫劇的談會

陳小林 著

文史哲出版社印行

用詩寫日記(自序)

與其說這是一本詩集，不如說這是一本日記，只不過它是以「詩」的形式來表達。

誰說日記必定要是流水帳?誰說日記必定要以散文素描?誰說詩必定要高居文學殿堂?誰說詩必定要有貴族血統?你有日記，我有日記，日記即是「每日一記」;你有詩，我有詩，人人皆可「每日一詩」。由「每日一記」到「每日一詩」，誰能跨越這個柵欄，誰就是詩人。詩可以是絲是絹，也可以是布是麻，雖質料不同，其功能則一。至於如何抉擇取捨，端視各人所需。

筆者第一本「實驗」詩集《問紅塵》，獨創以直覺寫詩，謂之「另類禪詩」，可謂詩的技法之革新。此書《影像的約會》，則力倡詩的題材之突破。不論古今中外，「著作等身」四個字，彷彿永遠是散文、小說家的專利，有哪位詩人有此功力?可見「詩材」取之不易，若不拓展生活視野，若不打破舊格陳規，詩的前景，堪憂!根據西方權威學者所發表的醫學理論，至二十世紀來，人腦開發已達極限，人類文明已至巔峰，今後這條拋物線不升反降，將此圖表套用於詩，所謂「詩人」這頂桂冠，可真是「戴」不動許多愁了。因此，對於「詩材」的開疆拓土，便成了當務之急。那麼，什麼才能入詩?若將詩視為遙不可及的星空明月，它只能孤獨地鶴立雞群，終將寂寞而亡。所以它必須謫降塵凡，與「人」聲氣相應同步進出。既然「行住坐臥都是彈」，為何不能「鍋碗盆瓢總是詩」？詩即生活。如此，我們才能聞到詩的汗味，嚐到詩的鮮度，觸到詩的美感，「詩」與「人」同生共死。

日記乃人生歷程之見証，亦即生活之實錄。用「詩」寫日記，不但可達簡化美化之目的，更可促進「詩」與「心」的深度交談。為分門別類，特將本書粗分為四部分。卷一：「女兒心」，說的是女兒家的悄悄話。卷二：「登峰」，寫的是事業生涯的坎坷行。卷三：「街景」，可謂社會現狀的素描畫。卷四：「日子就這麼過」，顧名思義即是，生活點滴的匯萃。雖說用詩寫日記，候「詩」畢竟只能點到為止，人生幽微，尚待讀者自己去細細體味。

附註：此詩集初成於一九九八年九月，獲詩壇巨擘瘂弦先生賜名《影像的約會》，由於大師退休移居加拿大後，師母纏綿病塌，年暇撰序，故而延擱至今，方得付梓。六年多年，其間又陸續完成第三、第四、第五本詩集，如今回顧這本「少作」，確有多處未臻盡善盡美，然而它畢竟代表著一段真實的創作歷程，因此，除了補增減者，大部份乃保留原貌，以便讓筆者與讀者，共同見証一個詩人一路行來的成長軌跡。最後要特別向發行人彭正雄先生合什,感謝他超人的耐心與寬容,使此書終能與讀者見面,再次叩首。

——二〇〇四年十二月七日 **劉小梅** 寫於竹軒

影像的約會　目錄

●卷三：街景

●卷四：日子就這麼過

卷一

女兒心

盼

成堆來信
四仰八叉地躺在辦公桌上
總不見
那看了讓人心跳的筆跡
再搜一遍
看看是否遺漏

一個灰色的黃昏
茶灰色
書灰色
電話灰色
下班卡灰色
連粽子餡兒也灰色

約會

世人並未見到我們約會
然而
時時刻刻
我們都在約會
因為
我的心
和你的影像
早已約會著了

作文

每一段情
都增添一個逗點
要寫多少行
才能畫下句點
老天
總該給個字數限制吧

心願

別點掉我
老爺
就讓我體貼您一生吧

我不會倒戈相向
也不會捲款潛逃
更不會偷生畏死

我只想
本本分分
做您身上的一顆痣
陪伴您
朝朝暮暮

中秋

趁新鮮
將月亮摘下
以荷包蛋的火候
煎來下酒
從此
不再染患相思

分手

也是一種風景
純淨無染的天空

風去巡邏社區了
雲去客串模特兒了
鳥去印地安那旅遊了
飛機去午睡了
紫外線在試穿隱形衣

也是一種風景
純淨無染的天空

外遇

出軌的愛情就如
明知違規
卻還將車停在路邊紅線區
隨時都有被拖吊的危險

自首

暴雨夾著迅雷
剎那間
便強勢撲滅了我內心那片
熊熊燃燒了數日數夜
連消防隊都束手無策的
相思的草原

迎著窗口
我借司法官——天公
的驚堂木
在明鏡高懸的案上
重重一擊
堂下聽判

本官判妳終生流放　到
一個名叫孤獨的地域
確鑿罪證　是
不該有情　而
有情

觸電

當那隻
顫顫驚驚的手
覆蓋於我的手背時
就像轟隆一聲雷擊
不偏不倚地
射中我毫無預警的心臟

醫生搖著頭說
是病史上僅次於死亡的創例
四度灼傷
需要終生悉心療養
我以欣慰的眼神回答
別擔憂
這正是我活下去的力量

送行

氣象佔據了整個心情
電視畫面上
一遍又一遍顯現著黑傘的警示

老天爺
可否跟您打個商量
暫借幾個鐘頭的陽光
因為
伊要過海飄洋

或許你看不見我的蹤跡
可我真正去送行了
只不過

去的不是身
而是心

兩性

魚鱗般的瓦片
錯落有致地覆蓋於
重新翻修過的古蹟屋頂上
難得一見啊
都市男女

男語女
看　那就是妳們
女語男
那你們呢
男得意地俯視著女說
我們是瑋
女仰視著屋頂說

璋還是得靠瓦
遮風擋雨

賑災

電話彼端
意外地傳來多年未聞的聲音
似熟
又生
我沈默了半個世紀
無情總被多情惱啊
但
我仍全神聆聽
就當是賑災吧

雨季

窗外的雨無精打采地落著
桌上的糖病懨懨地躺著
床頭的書不識趣地裸著
心中的絃亂紛紛地彈著
這個季節一直就這麼槁木死灰著

真想找桿秤
秤秤這支筆
有多重
我這頹廢的手
扛不動

女兒心

將愛
送進冰庫封存
溫度過高容易腐敗
待知音來訪
再取出解凍

日日春

將你
裁剪成書籤
夾在扉頁裡
日子便鮮艷了

一場鬧劇

即使傾全力
挾持到電話號碼
它 至死
堅不吐露
主人行蹤
眼看時間分分秒秒流逝
我只好棄械投降
逮捕我吧
愛

假如我是韋蓮司

假如我是韋蓮司
我會這樣回一封信
給胡適

親愛的
知道你正在洞房花燭
我也正在洞房花燭
與你
寄給我所有的信箋
我將成堆的信箋
緊緊捆成一疊
置於枕邊
紙與信封是你的軀體

字和言語是你的精魂
我緊緊緊緊擁抱著他們
今夜

（——讀聯合報刊載「胡適與韋蓮司深情五十年」有感）

九月（組詩）

◎之一

將相思
送去解剖
依然無法清析
它的病理結構
還有一十九日
距離九月

◎之二

毫無預警的愛情病毒

瞬間
致使人腦當機
向以專業形象馳名的維修員
要我另請高明

還有一十八日
距離九月

◎之三

問夕陽
百米賽　跑幾秒
是否需要高蛋白
我去替你買

還有一十七日
距離九月

◎之四

槍斃一顆青春痘
將疲倦充軍邊疆
救心情起死回生
讓慾望登陸心之島嶼
然後
凝神穹蒼
以完成一首偉大詩篇般的專注
還有一十六日
距離九月

◎之五

整整忙了一個下午

忙著回想
伊的音容笑貌
還有一十五日
距離九月

◎之六

正在思索
能否將日曆閹掉
而不觸法
還有一十四日
距離九月

◎之七

跟颱風打個商量

可否讓伊
騎在您的背上
快遞予我
以三百公里的時速
郵資任取

還有八日
距離九月

◎之八

複製桃莉羊
偉哉　基因科學

如果

如果也能複製
伊
……
還有七日
距離九月

◎之九

相思
如飲一杯酖酒
我還是奮力以嚐
還有三日
距離九月

◎之十

終於決定
將伊的影子
休掉
又是中秋

痕跡（六帖）

◎之一

撿起一束月光
細細品嚐
嗯
一股濃濃的
相思味

◎之二

託月
捎一枚吻
給伊

愛
無需言語出席

◎之三

傳說
將天空塞爆

無那　無那
好不容易才走出
即將傾塌的信心隧道

◎之四

萬物濟聲漲
包括愛情

唯一降價的是
淚水

◎之五

輕輕
將伊的影子關掉
入眠

思念
已不是流行款式

◎之六

剝開紅塵
看看

裡面包的什麼餡兒

答案是
空

寫於二〇〇四年秋節後

卷二

登峰

紅

真紅啊
朋友指著路上的噴火女郎
忠實反映著
她鮮艷前衛在陽光下閃閃發光的夏裝
真紅啊
我的眼球被灼燒得
如針扎般刺痛
不得不　闔上眼
讓黑暗解圍

從此
紅
成了我一生的禁忌

蝸牛

難道你就這樣屈著身子過一生嗎
小蝸牛
為何你總不離開那沈重的屋宇
小蝸牛
出來看看吧
庭園裡千姿百態的鳳仙花
正等著你歌詠呢

一場暴雨過後
小蝸牛終於走出屋宇
他是來看看這個世界的嗎
然而他什麼也看不見了
原來

生
就是要屈著身子
背著那重重的殼呀

修枝

動作依然敏捷的鄰居爺爺
又在戮力修剪
他的那些視如珍寶的青蔥花木了
好些正抽著芽呢
真個是
滿園生意

何不留著它們
我嘆惋著
爺爺面無表情地回答
太突出了

不再核心

麥克風
開麥拉
把他淹沒在人海裡
年前邂逅時

麥克風在遠方晒著太陽
開麥拉躺在地上打盹
今日重逢時

他獨行踽踽
神情落寞
當與眾人追逐的焦點擦身而過時
還被白了幾眼
嫌他礙路

雲

雲也應向詩人收取版稅

我正凝完成一篇有關雲的報告
看看
雲究竟何時簽約
成為詩人的專屬模特兒

登峰

何其遠呀
文學的須彌山

我尋遍所有指標
都不見任何坦途
那一條充滿毒蛇猛獸
這一條全是蔓草荒煙
我這孤寂的旅者
只好捲起衣袖
擂起巨斧
戮力披荊斬棘
烈日炎炎
何處是甘泉

四物雞精

聖賢了一個上午
整顆心都沸騰著

讀聖賢書
所學何事
就是讓自己
不再對社會正義貧血吧

此後
那本書就成了我的
四物雞精

頒獎典禮

費盡九牛二虎之力
尋遍禮堂各個角落
依然尋不著
我的那張
連我自己都不怎麼喜歡的臉
看著場內　每一張
閃爍在鎂光燈前的臉
那麼玲瓏凸致
那麼油亮發光
以及周遭不時傳來的
咯咯的暢意的笑聲
我的頸子像是斷了彈簧的玩偶
再也無法抬起

唯有默默穿梭在人縫中
努力找尋我那張
失落的臉

模擬法庭

整個上午都被詩強暴了
端坐在對面的目擊法官
語氣凝重地要我指認嫌犯
我將詩集翻至目錄處
仔仔細細搜巡了一遍
然後一口咬定
每一首都是

對面法官瞪大杏眼怒吼著
那叫輪暴　不叫強暴
是集體共犯
得從重量刑
於是

書中每一首詩都被逮捕
我激動地抗議
上訴 上訴
法官霸佔了我的詩集

宵夜

周末
親自下廚
做了一頓豐盛的宵夜

一碟李後主
一碟蘇東坡
一碟陶淵明
一鍋現代詩

撐得我一夜難眠

落榜

◎**第一幕**

將極品鬱卒
沾滿最鮮美的粉紅色法式佐料
依然嚐不出
生
的滋味

◎**第二幕**

如掏空臟器的木乃伊
飄蕩於夜之街頭

哼
灰塵冷笑了一聲

◎**第三幕**

開門
被鎖白了一眼

倒茶
被水唾了一臉

就寢
被床踢了一腳

織夢
被八字絆了一跤

兌現

我開了一張數額驚人的支票
給詩
讓他去銀行提取
我的血液
智慧
和
生命

所謂成功

十三年的失敗
全被採訪者消音
唯獨一次成功
被錄音帶收藏
所謂成功
其實不過是
十四分之一的真相

連足趾都不能寬饒
自己如此厚顏地滔滔不絕
所謂成功
其實不過是
屋內瀰漫的一種空氣

連藍天都不能苟同
自己如此輕易地滿足現狀
所謂成功
其實不過是
梅雨季裡的一道曙光

陽光確曾來過

失敗不過是畫布上一次疏忽的筆誤
失戀不過是一首樂曲彈錯一個音符
颱風不過是氣象中出現的少數民族
眼淚不過是荷葉上流轉的晶瑩露珠

你看
年邁的螞蟻仍然扛著麵包在行軍
斷腿的蜘蛛仍然忍著創痛在奔跑
瘦弱的野貓仍然勇氣十足誕育下一代
貧病的阿伯仍然風雨無阻在巷口叫賣

你看
菩薩並未因賭客揮刀而中斷慈悲

星星並未因烏雲遮擋而停止明亮
沙發並未因過度寂寞而舉槍自盡
馬路並未因遭受踐踏而哭泣憂傷

陽光確曾來過
只是您沒放在心上

卷三

街景

街景（組詩）

◎之一

辰時
小麻雀在廟簷上
虔誠地誦經禮佛

路人不約而同
佇足觀賞
除了陣陣歡喜讚歎
沒人質疑牠
有任何謀篡的意圖

◎之二

帶著燦爛笑靨的黃玫瑰
情人節
起個忒早

陌生男子一招手
連妝都沒化
她便迫不及待地
與人私奔

◎之三

不貞節的狗
光天化日下
在公園

做著限制級的表演

面對人來人往的指責
他抬起頭
不屑地
呸了一聲

◎之四

大紅燈籠醉了
在炭烤海鮮店前

酩酊
是因她失戀於
一名每日必來酩酊的
失戀男子

◎之五

收音機猝死於
聲嘶力竭的歌者
退休老先生的清晨
頓由水彩
變成水墨

◎之六

裊裊煙霧
將生意難得興隆的茶藝館
薰成肺氣腫
午後四時零四分
天空

欲哭無淚

◎之七

寒流來襲
凍得發抖的路燈
依然盡職地上著夜班
連個盹都不敢打

他告訴身旁的麵攤老闆：
給我留碗豬腳麵
待會兒
咱們喝兩杯

◎之八

竹籃裡

氣得面色泛白的蒜頭
和商販發生有史以來
最嚴重的齟齬

一斤二百八
敲詐嘛
蒜頭良心不安地咆哮著
還我形象

◎之九

奔波過大街小巷
累得腰酸背痛
永遠都是蓬頭垢面的
垃圾車

在巷口

望眼欲穿地盼著
每日晚餐時分必定行經該處
看來有些病態美的
纖弱女子
以此對抗
生命的飢渴

◎之十

助選員的聲音
在空氣中展開火爆槍戰
桌上的咖啡杯
因過度激情而心臟病發
猶來不及送醫
便宣告不治

◎之十一

連午餐都尚未進食的
剃頭刀
掌燈時分
瞥見對面西餐廳裡
儷影雙雙
在多次向老闆抗議無效後
他決定選擇
過勞死

◎之十二

四面八方不期而遇的車群
率性地在十字路口
編織起中國結

頻頻看錶的行人嘆道
原來是紅燈
罹患了
老年痴呆症

◎之十三

鴿子啣來了春天
擱在草坪上嬉戲
路邊小花
也樂得合不攏嘴

◎之十四

成群結隊的傘
在雨中遊行

他們都情緒高昂地以為
自己的擁護者
必定當選

連過馬路的玩具坦克
也不得不動容

◎之十五

一朵木棉
氣沖沖地
由枝椏俯衝而下
它在抗議
歲月的專橫

◎之十六

書包第一天上學
興奮得吱吱喳喳
正纏著小朋友
為他出主意
長大後要做科學家
還是文學家

◎之十七

悠閒的女人們
將午后生意清淡的咖啡廳
險些燃燒起來
以她們足可照亮一座城市的
珠光寶氣

煩惱得嚴重失眠的她們
正事態緊急地開著圓桌會議
究竟該投資多少
購買營養不良

◎之十八

雲
學畫畫
不小心打翻墨汁
將天空那張畫布
全弄黑了
急得他嚎啕大哭

氣象局發布
豪雨特報

◎之十九

蛋黃酥招搖過市
挑起犬族的犯罪慾望

女郎啊
請速速將禍源收起
以免牠們被
掃黑

◎之二十

杏仁茶
甘蔗汁
或者
一杯白開水也好

街頭賣藝的桌上型縫紉機
望著老闆的眼神
口乾舌燥地渴盼著

台北
三十六度C

◎之二十一

百合花集體移民到
少女的衣衫上

你看
她們也正經八百地
讀起泰戈爾的詩來了

◎之二十二

車輪將馬路蹂躪得
體無完膚
卻砲聲隆隆地指責
對方失職

滿腹委屈的馬路
以淚
在地上闢建了一座
水庫

◎之二十三

拉麵急得胃痛
眼看顧客大排長龍

鞠躬盡瘁
死而後已
是出門前父親的
每日一句

儘管因公殉職
卻未撫卹從優
理由是
年資不足

◎之二十四

沒去拿走路費
沒去開記者會
沒為當選人開香檳
沒為落敗者傷腦筋

沒去激情砸雞蛋
沒去關說當部長
沒理新人新政新法度
沒為統獨核四去散步
爬牆虎
依然在樓上
呼呼大睡

◎之二十五

蕃茄患了痔瘡
但仍鼓起勇氣
前往市集選美
終以豐美內涵
奪標

◎之二十六

孤零零的門牌
與
淚漣漣的風
共食著
年夜飯
這是他們第二十八年的團圓
女未嫁
男亦未婚

◎之二十七

情竇初開的蓮霧
百無聊賴

一字不漏地讀完早報
此刻
正羞紅著臉
在果攤上等待
緣份

◎之二十八

廟前的販婦
個個卯足了勁
突襲著過往顧客
以比游擊隊更敏捷的行動
原本與世無爭的
香
也不得不加入戰場

◎之二十九

飼主葬身火窟
黑犬拒絕所有布施
殉情塚旁
死前
人們搖頭嘆道
為何如此冥頑
牠說
我們正在寫歷史

◎之三十

帶著斗笠的屋頂
倔傲地拒絕了
藍天的愛

寧將自己禁錮於
黑暗的深淵

◎之三十一

白色油漆
一層層覆蓋於
已列入古蹟的牆壁
卻仍無法去除那
歷史的疤

◎之三十二

大排長龍
哇
百貨公司的搶購人潮

從未紅過的衛生紙
嚇得不知所措
忘了該如何為仰慕者
簽名

◎之三十三

小籠包皺著眉頭
為自己的容貌煩心

他正羞愧
不知該如何面對
生平最崇拜的偉人——
林肯

◎之三十四

各式牙杯
都端坐在販售架上
參禪
私下卻默默較勁
誰的肚量
能氣吞山河

◎之三十五

在狹窄而擁塞的
文史長廊
時間
一夫當關
以其無敵之劍
將絡繹於途的問鼎者
殺得橫屍遍野

◎之三十六

與野鴨萍水相逢
漫步湖濱
牠向我傾吐了
比牠的肚量大了千萬倍的
心事
我暗中承諾
一定盡力轉介牠去
心理輔導

◎之三十七

風在水面跳華爾滋
錦鯉群擁而上
爭先恐後地毛遂自薦

都說自己是
最佳拍檔

◎之三十八

三月
一群杜鵑手牽手
結伴到校園
郊遊
個個臉上都塗脂抹粉
彷若情竇初開的少女
嘰嘰喳喳在品評著
路過身旁的那些
目不斜視的書生
誰最帥

◎之三十九

沒辦護照的
山
竟走私入境台北盆地
連荷槍警衛
也束手無策

◎之四十

雲到森林公園小憩
熱情的遊客
揪住它的鬍鬚問道
什麼是逍遙的況味
他笑而不答
要大夥自己去

參

◎之四十一

水蛭意興遄飛地在陽台上
比賽書法
一隻畫的是岳飛大草
一隻寫的是李斯小篆
我要牠們出示
場地租借證明
牠們面面相覷
一口咬定
那是公共設施

◎之四十二

雨啊

請你休個假吧

去和山兄喝個小酒
去和乳浪繾綣一夜
去聽聽杜蘭朵歌劇
去看看天鵝湖舞展
去探探松林
去吻吻梅頰
去訪訪小木屋
去逗逗無尾熊
或者回家
恣意睡個四仰八叉覺

雨啊
請你休個假吧

◎之四十三

一片黃葉
毅然決然躍下
自樹梢
悲壯如慷慨赴死的
烈士

昨晚他已寫妥
留予路人的遺書
只為圓滿
一樹的
綠

◎之四十四

醜得見不得公婆的傘
濃妝艷抹出遊
贏得一公噸的
倒采

◎之四十五

色衰愛弛
還是因為老病傷殘
被踐踏
難道還得花錢促銷

無人聞問
三日
整整三日
彷彿二十世紀長啊

哭腫了眼的地下道
躊躇著
應否求助
生命線

◎之四十六

一曲「給愛麗絲」
被鄰家孩童彈得
荒腔走板
連樹上的蟬
都提出抗議

◎之四十七

完全不顧交通警察的指揮

儘管紅燈當前
雨
依然不踩煞車
既未被攔檢酒精測試
也不見誰開罰單

路邊的老榕樹
趕緊取出照相機蒐證
這才發現
原來它竟是
無照駕駛

◎之四十八

打出一折廣告
仍無顧客問津的
洋裝

連續焦慮一個月後
終於吞食了
安眠藥

◎之四十九

整座城市都忙得
氣喘吁吁

市長一聲令下
說什麼垃圾要隨袋徵收
街頭巷尾頃刻堆滿了
所有人家的
陳年往事

◎之五十

一個隨時可能被驅逐的小角落
一個隨時可能被恩召的老鞋匠
一個可當古董拍賣的工具箱
一個僅能坐滿半個臀部的木板凳
一輛即將生孫子的腳踏車
一段連主角自己都不願回顧的人生
一張從未嚼過青箭口香糖的嘴
一個沒有家屬可出氣的家
一個陰著天空的周末
一幅患有憂鬱症的街景
我以裸視零點二的單眼相機
拍攝了一首
生活

詩

◎之五十一

慘遭腰斬
無緣無由
三千餘株路樹
沈默得讓大地都義憤填膺
鳥雀們也扼腕道：
根本來不及請辯護律師
比暴君更有權力的颱風
毫無內疚地
揚長而去

◎之五十二

裝滿貪嗔痴的人體
就像路邊那個令人掩鼻的
垃圾桶
必需每日傾倒

◎之五十三

夕陽不慎落水
趕緊呼叫救生員

◎之五十四

對面樓上的父子

整個晚上都在努力
製造矛盾

看連續劇般
鄰居們都在好奇地
等待結局

◎之五十五

耳邊有微風吹過
輕輕地　柔柔地
有點秋涼的味道

離家出走多年的
幸福
赫然就出現在這
略顯僻靜的公園

無人管轄的座椅上

◎之五十六

每天都固定打扮得整齊亮麗的
羊乳瓶
每天都在固定時間
固定在一幢公寓門前
等候著固定的顧客開門
固定微笑著
跟她說著固定的問候語——
早安

它說
沒唸過哲學
也不懂什麼叫做
存在主義

它
就是存在

◎之五十七

戒不掉對政治亂象的無奈
拎起受傷的地球
醉去

◎之五十八

向太陽借貸一絲光明
這病危的世界
總算恢復心跳

◎之五十九

高樓林立的大道
一群穿著光鮮的人們

茫然走過
攜帶著他們的
時代

◎之六十

月亮在趕路
急著赴約嗎？

小心
別絆倒她！

◎六十一

開獎的時辰到了
那些志在必得的人們
輕而易舉便贏得了
失望

◎六十二

一陣強颱颳過
量產了一村子的
淚

◎六十三

槍擊案後
血染大地
救護車呼嘯而過
載走整街的
眼神

◎六十四

海使出渾身解數演出

他的
藍

天空說
我才是正字標記

◎六十五

樹葉在枝頭
隨風搖擺
舉手投足都
無我

◎之六十六

而大街
而小巷
一輛堅持不減速的機車

轉眼便揮霍完了它的
萬事如意

◎六十七

聚會中百物爭妍
唯曇花
一現

她要向大家演說：
遺憾

◎之六十八

秋
摸著詩的頭說：
你是不是該整整型了

◎之六十九

梅花早產
是因
不忍聽到
身旁空枝的嘆息

◎之七十

一大早起床
我便在庭院
馬不停蹄地清掃
這顆雜亂無章的
心

卷四

日子就這麼過

分身

我坐在我總坐在的位置
我的眼
正在觀賞縱使經典卻仍無法避免噪音的新詩三百首
我的耳
正在聆聽不知怎麼起了這麼個怪名的「伍佰」的亂彈
我的鼻
正在品味抗議證照制度的廚師所烹出的一流的佛跳牆
我的舌
正在反芻分手戀人不知有無愛滋病之虞的初吻
我的身
正在煩惱版圖日益擴張卻無統帥能夠控馭的腐敗
我的意
正在思索每位法師同一口徑所叮嚀的如何離色離相

滿口般若波羅蜜多心經
依舊無法絕緣色聲香味觸法
終於下令
用我這彌漫八萬四千細菌卻看似潔白如洗的手
把自己解剖

閉關

我的嘴正歇業
整修內部
至於何時開張
端視
身口意
能否不再三國鼎立

廟覽

佛人蟲
住在廟裡
木魚與筊杯住在廟裡
善書與灰塵住在廟裡
香火與笑淚住在廟裡
廊椽與花鳥住在廟裡
老師傅的青春住在廟裡
戰爭與和平的歷史住在廟裡
天災的蝕痕住在廟裡
眾生的業障住在廟裡
廟
住在我的心裡

拂拭

狠狠刷洗著
狠狠刷洗著
貯存了一週的氣力
全施展在這些廚具上
不是每日肌膚相親嗎
怎地仍有如此多的污垢
看來還是得時時勤拂拭
方能不使惹塵埃

洗洗刷刷洗刷刷
仄仄平平仄仄平
原來我的詩心
不在菩提樹上
竟在這些鍋碗盆瓢裡啊

無罣

懶懶的下午
懶懶的腳　踩著
懶懶的夕陽

懶懶的腦
懶懶地忘著
懶懶的食
懶懶的色
懶懶的名
懶懶的利
懶懶的生
懶懶的死

懶懶的青春
懶懶地老著

配方

他用一支精雕細琢的銀匙
溫柔地
在吹彈即破的白瓷杯裡
緩緩攪著淺褐色的咖啡
一圈　一圈　一圈
像輕盈曼妙的芭蕾舞者
慣性地旋轉　旋轉　旋轉
空氣中洋溢著一股
彷若溫莎公爵獨有的
濃得化不開的芳郁
我未飲先醉
是什麼配方

他神秘地笑著
除了奶精
三分之一包糖
還有
千足的
愛

閱兵

久未整理內務
敞開鞋櫃
檢視　這團一手培訓的基層幹部
正在磨拳擦掌
抑或養尊處優
舉世滔滔
再也沒有比這個兵團更炫的了
瞧
這雙改良式木屐的老祖宗是謝安
這雙藍玻璃涼鞋的大姨媽是灰姑娘
這雙始終無法上腳的高跟鞋的祖師爺是苜娘
這雙雲遊四海的休閒鞋的把兄弟是麥克喬頓
如此身世

能命令他們扛槍
還是踢正步
噫
佛陀説
眾生平等
且讓我將他們一一操練

背包

人行道上
來來往往的全是背包
有的輕巧巧
有的沈甸甸
裡頭究竟裝些什麼
啊
他們背的
是虛榮
是夢想
是心情
是生計

寫眞

拋開作習表
流浪去

跌停板的臉
尋職的腳
衝動的眼神
嫵媚的髮
堅挺的襯衫
頹廢的菸

所謂社會現象就是
每一根多少都帶著點側彎的脊椎骨
恓恓惶惶地

在演出
他的茫茫然

大俗賣

彷彿地上鋪滿了磁鐵
我毫無能力抗拒地被吸入賣場

雙眼就像剛裝妥電池的手電筒
一攤攤　一行行
奉命抓逃犯般仔細搜巡著
件件都牽動著人性最底層的原始慾望
再冷門的物品都能尋著匹配對象
果真存在就有價值啊

購物籃愈提愈重
收銀員愈算愈煩
買這麼多

我笑而未答

返家途中
邊走邊溜覽著袋中新寵
原來我買的不過兩個字——
貪婪

（註：「大俗賣」乃廉價聯合賣場之代稱。）

路邊攤

油煙是她們臉上搽著的化粧品
喉管是他們一致使用的麥克風
鈔票散發韭菜香
銅板洗過麵粉浴
風砂是桌上統一品牌的抹布
顧客表情是口碑的最佳廣告
整個市集一刻不停地
免費播放著由全體賣販演出的交響樂
庶民與王子
耳膜一律平等

匆匆出行的我
用眼充當攝影機

將這活生生的小劇場一一拍下
然後
給自己的轆轆飢腸
一個嘉獎

尋心啓事

諸位仁人君子
敝人不慎遺失了一顆心
特徵是
鮮紅飽滿零污染耐擊力超強
尋遍所有衣袋及皮夾
均無所獲
推論可能掉落在計程車上了
若有善心人士拾獲
必有重酬
那就是
不論未來發生了什麼
這顆心永遠與您同在

宇宙之旅

晨起
我走出每天固定走出的一個宇宙
到達每天固定到達的另一個宇宙
穿梭於每天穿梭的一些個宇宙
偶爾也出現於一些意外出現的宇宙
然後
搭上每天必搭的一輛飛馳的宇宙
回到每天固定回到的那個宇宙

晨起
再重覆走過那些認識的與不認識的
充滿愛與恨或者既不愛也不恨的宇宙
經歷X平方個大大小小形形色色的宇宙後

這趟馬不停蹄了數十年的宇宙之旅
終將回歸所有宇宙總和的那個終極宇宙
我
因而也將被宇宙戶口名簿
除籍

誰是主人

當我們到達時
山風　松針　塵砂　黃犬
早已將四個茶座佔滿
主人歉然地欲趕走他們
我說
再讓他們坐一會兒吧
主人更加歉然
不，你們才是主人

誰是主人
當下成了我們座談的主題

下午茶結束

答案依舊付諸闕如

我們離開時
山風　松針　塵砂　黃犬
又回到茶座繼續座談

布袋老人

新上車的老者
總算為那學童般高的米白帆布袋
覓得一處絆絆拉拉的空位

裡面裝些什麼
眾人的眼光透出一致的疑惑
端詳再端詳
推敲再推敲
終於有了答案
水費　電費　瓦斯費
健保　房租　高利貸
孩子的學雜費
老婆的生活費

自己的安養費
等等等等等等

老者
面黑　髮白　骨瘦
腰板倒挺直
目光始終正視前方

腦內革命

如土石流
排山倒海而來的衣裳淹沒了臥室
縱使母親早已預先發布警報
災情依然慘重

如何整治呢
我把腦袋放入果汁機強力翻絞
重新調製過的辣味腦汁
果真將原先的思想配方一舉殲滅

其實
擁有再多華服美飾
就真能遮蔽人的良知

事的因果
以及
壞死的組織細胞嗎

行經考場

又到烤季
又見人潮
我也來個現場實況轉播

毛巾與涼扇齊飛
家長共考生一色
佛陀　上帝　關公　聖母
以及穆罕默德等等
所有貴賓都蒞臨陪考
每户人家都全員出動
當眾生與神明相遇
每個人的臉上都寫著
最急件

電影看板

親愛的
今天我們吻得太火嗎
怎麼觀眾如此瘋狂地大排長龍
看板上的女主角向男主角擠了擠眼

親愛的
今天我們演得不夠出色嗎
怎麼觀眾如此稀稀落落
看板上的女主角向男主角皺了皺眉

親愛的
你看那對情侶
比我們的演技更勝一籌

走
我們去窗口購票
今晚
看看他們怎麼演

選戰開始

透早天
他就對全身各部位
發出緊急動員令

心　坐鎮競選總部統籌指揮
肝　去關切民眾集體中毒事件
脾　去應酬王董的大廈落成剪綵
肺　去陪同環保官員勘察焚化爐用地
腎　去出席鄰居細姨侄子的二度婚禮
手　多補補，還有上百萬隻手等著握呢
足　沒事坐著養精蓄銳，當心忙時跑斷腿
口　趕緊吃光抹淨，跟我去開講

聽令
現在已經進入超級戰備狀態

走
衝啊

穿錯一套衣裳

活像背錯台詞的小丑
疙疙瘩瘩了一整天
不過是穿錯一套衣裳

然而
它更甚於核彈
潛在威脅著我每一根神經
我的數千萬個細胞
就這樣慘死於人群
所幅射出強大殺傷力的目光

一個匆忙的錯誤
竟輕易驟降了我的形象指數

腳

丑時
我的眼　起身
四處夢遊
經歷彷彿一甲子的悠長歲月
終於返回原點

我問她可看到些什麼
她略為思考後答道
腳
一雙雙的腳
跋涉千里的
纏綿悱惻的
病入膏肓的

身懷六甲的
財大氣粗的
殘缺不全的

每一雙腳
都是一部小說的主角

去除煩惱的方法

窗外的樹
頻頻向我招手
我將他請入餐館
與他把酒言歡

他如哲學家般
指導了我一些
有關去除煩惱的方法

於是
我點了一客
綠

心情留言板

◎之一

歲月
蒼白
一如貧血的頭顱

我以詩療之

◎之二

想為心情化化妝
用盡一切巧思

依然無法化出一個
標緻的模樣

◎之三

失敗
如炎夏的紫外線
強烈幅射著我
無可遁逃的心靈
真想撐把人生之傘
但卻遍尋不著

◎之四

想把發霉的心情
拿出去晒晒

天天天雨
門裡一如門外

◎之五

我厭倦
自己竟如此地厭倦一切
我厭倦
自己又是如此地不厭倦一切

◎之六

不得揮霍
吻
於你

唯以酒釀詩

今夜
海濤澎湃

◎之七

跟自己言語了一夜
所有心事
都洩密於
一隻蚊子
是否出賣我
由牠決定

◎之八

寫戀
於沙灘

風一吹
便毀屍滅跡

◎之九

星星已醉
我送他們回家
至於那些殘局
就由留言板善後吧

◎之十

心情被判死刑

夜啊
我的遺囑就留予你吧

台北的天空

天空閒著
怎不去學學電腦
或者去逛逛超市
或者到立法院旁聽
或者研究研究怎麼去預防腸病毒
或者給心情低潮的戀人寫首肉麻的詩

天空閒著
怎不去換個髮型
或者買套流行款式的新裝
怎不見你長青春痘

刷牙了沒
日行一善了嗎

天空閒著

敢問今年貴庚
結婚了沒
怎不見你和白雲口角
地震時可曾去救災
香蕉滯銷你買了多少

天空閒著

中午準備吃哪家館子
捐血了沒
怎不去為球員打打氣
警匪槍戰時怎不去叫救護車

油畫何時開展

天空閒著

支票軋進去了嗎
怎不去醫院看看喜獲麟兒的同事
或者去湊個人頭為正義吶喊
或者去為朋友的新書發表會捧個人場
或者去監督一下道路施工

天空閒著
真想派個差事給它
可是
它沒領薪水呀

跨世紀對談

宴罷
與莊子散步談心
聊著聊著
一轉彎
便由戰國時代
走到了二十一世紀

迎面而來的海明威
以及他的情婦
都強烈表示
要加入我們今晚的
第二拖*

（*「第二拖（ㄊㄨㄚ）」：時語。意即聚會後緊接著又去第二輪聚會。）

明天就要放假

將雀躍的心情收進皮包
明天就要放假

一直強打著精神的辦公桌
終能明目張膽地露出疲態

原本就拙於社交的電話機
藉故提早打烊

空氣已經開始舞蹈
值夜班的街燈都已簽到
濛濛煙雨彷彿在為即將上演的夜戲

營造一股迷離氣氛
商店的臉已彩妝完成
就像寂寞情婦
在痴痴盼著戀人上門

初試雲雨的領帶
死拖活拖著主人
陪他一起去獵艷

忙得甚至沒時間如廁的垃圾車
想早點回家補充
已屆中年的精力不足

國會殿堂上的高分貝爭辯尚未休兵
頗有將電視震爆的意圖
反正明天放假

一隻腦滿腸肥的蜘蛛出來飯後散步
歸心似箭的行人
並無太多興致與牠敦親睦鄰
因為明天就要放假

詩人已摘下
唯有白天才戴著的厚重面具
準備到夜的海洋裸泳
因為明天就要放假

週末二〇〇

好不容易
擺脫忙碌的糾纏
好不容易
爭取到相思的折磨
好不容易
獲得孤獨的允准
好不容易
申請到流淚的執照
破碎的心

撒滿一地
這是刻意對
夜
找碴

日子就這麼過

讓日曆繼續在牆上減肥
讓黃犬繼續在門口服役
讓寂寞繼續在夜裡發酵
讓菩薩繼續在神龕監督
讓颱風繼續在陸地施暴
讓皮球繼續在操場反彈
讓炊煙繼續在天空流浪
讓獎杯繼續在架上衰老
讓麻雀繼續在枝頭熱鬧
讓胭紅繼續在盒中感傷
讓作家繼續在筆端民主
讓細菌繼續在胸膛自由
讓冰棒繼續在手中滴淚

讓蠟蠋繼續在寺廟自焚
讓髮梳繼續在浴室守寡
讓馬桶繼續在廁所憤懣
讓皮夾繼續在抽屜憂鬱
讓辣椒繼續在盤中囂張
讓人才繼續在冰庫冷凍
讓蘆葦繼續在岸旁沈思
讓飛蛾繼續在火中愚蠢
讓小丑繼續在幕後心酸
讓火車繼續在鐵軌上追風
讓大哥繼續在江湖中叱吒
讓熊貓繼續在動物園冷感
讓恐龍繼續在博物館走紅
讓檯燈繼續在桌上布施光明
讓蝸牛繼續在殼中委屈求全
讓同僚繼續在職場口蜜腹劍
讓舞孃繼續在歡場凋零青春

讓籬笆繼續在花圃暗戀月娘
讓襯衫繼續在衣櫥鑽牛角尖
讓黑板繼續在教室忍氣吞聲
讓船舶繼續在港口展望未來
讓蔬菜繼續在市場斤斤計較
讓指針繼續在鐘內龜兔賽跑
讓茶葉繼續在杯中自我膨脹
讓藥丸繼續在人體東征西討
讓明星繼續在報上製造緋聞
讓石頭繼續在海邊三緘其口
讓記者繼續在媒體替天行道
讓歌手繼續在人間長生不老
讓電視繼續在家裡統治屋主
讓孩童繼續在餐廳約會漢堡
讓山巒繼續在遠方煩惱頭禿
讓情婦繼續在天涯呼朋買醉
讓座椅繼續在書房修身養性

讓牙齒繼續在口中良莠不齊
讓螳螂繼續在車前不知死活
讓因果繼續在宇宙冤冤相報
讓教授繼續在講堂耗損元氣
讓黑洞繼續在太空毀滅地球
讓演員繼續在舞台假鳳虛凰
讓官員繼續在政壇你丟我撿
讓鐵窗繼續在陽台上提心吊膽
讓名畫繼續在展覽場有行無市
讓美女繼續在伸展台春光外洩
讓朝陽繼續在地平線普渡眾生
讓眼睛繼續與文字朦朧相對
讓詩人繼續與稿紙糾纏不清

摩天樓的千禧夢

也想撐把巨傘
（以防被酸雨淋成禿頭）
也想戴副墨鏡
（以防紫外線幅射）
也想去照照艾克斯光
（最近怎麼老咳嗽）
也想去聽聽音樂演奏
（別讓人笑沒聽過馬友友）
也想學學阿娜答
（以免與流行雞同鴨講）
也想試試伊媚兒＊
（以免與時代擦身而過）
也想買瓶聖卡提亞

（廣告說可以消除雀斑）
也想買幅蒙娜麗莎
（老師說可以改變氣質）
也想競選個立委議員
（罵罵官員出出氣）
也想籌組個協會社團
（閒著也是閒著）
也想談場轟動勁爆的戀愛
（否則上不了媒體）
也想寫篇荒誕怪異的文章
（否則唬不住評審）
也想到電視上賑賑災
（為公司打打形象）
也想去國父館演演講
（為自己抬抬身價）
也想絞盡腦汁卡個位
（好給祖宗蓋個風光的祠堂）

也想殫精竭慮得個獎
（好給女兒陪個像樣的嫁粧）
也想千方百計和領袖握個手
（偶而吹噓一番）
也想推推擠擠和巨星拍個照
（到處賣弄一下）
也想搭搭捷運
（到淡水看夕陽不會塞車）
也想開開賓士
（到鶯歌買陶瓷看起來比較內行）
也想追逐潮流移民溫哥華
（做個空中飛人才夠炫）
也想遺世獨立隱居桃花源
（客串五柳先生酷斃了）
也想絢絢爛爛活在鎂光燈下
（品嚐被崇拜的甘旨美味）
也想平平凡凡醉在溫柔鄉裡

（享受被寵愛的虛情假意）
也想與博士抬抬槓
（秤秤他的斤兩）
也想與法師談談禪
（學學他的風範）

——〔乾坤詩刊第十六期〕

（＊：「伊媚兒」爲電腦E-Mail之譯音）

中年生活改良之芻議

讓慾望安樂死

下廚
摘幾朵雲
佐以蔥薑蒜
快炒
秤一斤星
佐以九層塔
快炒
將山清蒸
將水熬湯

餐罷

攜帶著錢包　鑰匙和
心
去洗個徹底忘我的
三溫暖

眼見一株木瓜樹之死亡

樓下那株枯黃多時的
木瓜樹
終於決定
按照他自己的生活觀
性格地死去

拒絕那些了無新意的安慰用語
拒絕那些毫無商機的文學詠嘆
拒絕那些可能染有角膜炎的眼淚
拒絕那些專門秀給攝影機看的憐憫
拒絕那些見死不救的雨水的悲憹
拒絕那些虛情假意的鳥雀的奠儀
拒絕那些擁抱大自然的口號主義

拒絕那些表彰小人物的紙上作業

於是
他仍然硬頸堅持
按照他自己的生活觀
性格地死去
即使總統召見
也不為所動

一塊廣告招牌即將墜落

一塊廣告招牌即將墜落
行人都為它捏把冷汗

懸於半空
它彷彿正在思考
該選個優雅的舞姿
還是選個悲壯的氣勢
是因看破紅塵而自裁
還是畏罪潛逃而失足

一塊廣告招牌即將墜落
一根天線卻仍與它糾纏不清
看　她倆正竊竊私語
是愛的挽留

還是密商遺囑

一塊廣告招牌即將墜落
它彷彿正在思考
該壓垮一位穿著名牌時裝的女子
還是一位素昧平生卻看不順眼的男士
一塊廣告招牌即將墜落
它彷彿正在思考
該沸沸揚揚邀請媒體實況轉播
還是悽悽冷冷如花一般香消玉殞

一塊廣告招牌即將墜落
行人都為它捏把冷汗

它卻慢條斯理地說
上午十時召開記者會
宣布去留

在捷運車廂讀人生概論

選擇了一個靠窗的座椅
有預謀地回憶起來

就像MD的錄製過程
發生了次序上的錯位
讓人弄不清
究竟是過去的未來
抑或未來的過去
思緒一如麥芽糖
愈抽愈長

路邊的樹笑彎了腰
彷彿隔著玻璃向我傳道

它不看過去
不思未來
眼前只有
風
決定它的存在

國家圖書館出版品預行編目資料

影像的約會 / 劉小梅著. -- 初版. -- 臺北市 :
文史哲, 民 95
面 : 公分 - (文史哲詩叢 ; 35)
ISBN 957-549-219-6(平裝)

851.46　　88008894

文史哲詩叢 ㉟

影像的約會

著　者：劉　小　梅
出版者：文　史　哲　出　版　社
http://www.lapen.com.tw
登記證字號：行政院新聞局版臺業字五三三七號
發行人：彭　正　雄
發行所：文　史　哲　出　版　社
印刷者：文　史　哲　出　版　社
臺北市羅斯福路一段七十二巷四號
郵政劃撥帳號：一六一八〇一七五
電話886-2-23511028・傳真886-2-23965656
實價新臺幣二四〇元
中華民國九十五年(2006)二月初版

ISBN 957-549-219-6